ANDRZEJ MOSZCZYŃSKI jest autorem 23 książek, 34 wykładów oraz 3 kursów. Pasjonuje go zdobywanie wiedzy z obszaru psychologii osobowości i psychologii pozytywnej.

Ponad 700 razy wystąpił jako prelegent podczas seminariów, konferencji czy kongresów mających charakter społeczny i charytatywny.

Regularnie się dokształca i korzysta ze szkoleń takich organizacji edukacyjnych jak: Harvard Business Review, Ernst & Young, Gallup Institute, PwC.

Jego zainteresowania obejmują następujące tematy: potencjał człowieka, poczucie własnej wartości, szczęście, kluczowe cechy osobowości, w tym między innymi odwaga, wytrwałość, wnikliwość, entuzjazm, wiara w siebie, realizm. Obszar jego zainteresowań stanowią również umiejętności wspierające bycie zadowolonym człowiekiem, między innymi: uczenie się, wyznaczanie celów, planowanie, asertywność, podejmowanie decyzji, inicjatywa, priorytety. Zajmuje się też czynnikami wpływającymi na dobre relacje między ludźmi (należą do nich np. miłość, motywacja, pozytywna postawa, wewnętrzny spokój, zaufanie, mądrość).

Od ponad 30 lat jest przedsiębiorcą. W latach dziewięćdziesiątych był przez dziesięć lat prezesem spółki działającej w branży reklamowej i obejmującej zasięgiem cały kraj. Od 2005 r. do 2015 r. był prezesem spółki inwestycyjnej, która komercjalizowała biurowce, hotele, osiedla mieszkaniowe, galerie handlowe.

W latach 2009-2018 był akcjonariuszem strategicznym oraz przewodniczącym rady nadzorczej fabryki urządzeń okrętowych Expom SA. W 2014 r. utworzył w USA spółkę wydawniczą. Od 2019 r. skupia się przede wszystkim na jej rozwoju.

Inaczej o dobrym i mądrym życiu to książka o umiejętności stosowania strategii osiągania wartościowych celów. Autor opisuje 22 aspekty, które prowadzą do bycia mądrym. W jakim znaczeniu mądrym?

Mądry człowiek jest skupiony na działaniu ukierunkowanym na podnoszenie jakości życia, zarówno swojego, jak i innych. O tym jest ta książka: o byciu szczęśliwym, o poznaniu siebie, by zajmować się tym, w czym mamy największy potencjał, o rozwinięciu poczucia własnej wartości, które jest podstawowym czynnikiem utrzymywania dobrych relacji z samym sobą i innymi ludźmi, o byciu odważnym, wytrwałym, wnikliwym, entuzjastycznym, posiadającym optymalną wiarę w siebie, a także o byciu realistą.

Mądrość to umiejętność czynienia tego, co szlachetne. Z takiego podejścia rodzą się następujące czyny: nie osądzamy, jesteśmy tolerancyjni, życzliwi, pokorni, skromni, umiejący przebaczać. Mądry człowiek to osoba asertywna, wyznaczająca sobie pozytywne cele, ustalająca priorytety, planująca swoje działania, podejmująca decyzje i przyjmująca za nie odpowiedzialność. Mądrość to też zaufanie do siebie i innych, bycie zmotywowanym i posiadającym jasne wartości nadrzędne (do których najczęściej należą: miłość, szczęście, dobro, prawda, wolność).

Autor książki opisuje proces budowania mentalności bycia mądrym. Wszechobecna indoktrynacja jest przeszkodą na tej drodze. Jeśli jakaś grupa nie uczy tolerancji, przekazuje fałszywy obraz bycia zadowolonym człowiekiem, to czy można mówić o uczeniu się mądrości? Zdaniem autora potrzebujemy mądrości niemal jak powietrza czy czystej wody. W tej książce będziesz wielokrotnie zachęcany do bycia mądrym, co w rezultacie prowadzi też do bycia szczęśliwym i spełnionym.

Szczegóły dostępne na stronie:
www.andrewmoszczynski.com

Andrzej Moszczyński

Inaczej
o byciu wnikliwym

2021

© Andrzej Moszczyński, 2021

Korekta oraz skład i łamanie:
Wydawnictwo Online
www.wydawnictwo-online.pl

Projekt okładki:
Mateusz Rossowiecki

Wydanie I

ISBN 978-83-65873-25-5

Wydawca:

ANDREW MOSZCZYNSKI
INSTITUTE

Andrew Moszczynski Institute LLC
1521 Concord Pike STE 303
Wilmington, DE 19803, USA
www.andrewmoszczynski.com

Licencja na Polskę:
Andrew Moszczynski Group sp. z o.o.
ul. Grunwaldzka 472
80-309 Gdańsk
www.andrewmoszczynskigroup.com

Licencję wyłączną na Polskę ma Andrew Moszczynski Group sp. z o.o. Objęta jest nią cała działalność wydawnicza i szkoleniowa Andrew Moszczynski Institute. Bez pisemnego zezwolenia Andrew Moszczynski Group sp. z o.o. zabrania się kopiowania i rozpowszechniania w jakiejkolwiek formie tekstów, elementów graficznych, materiałów szkoleniowych oraz autorskich pomysłów sygnowanych znakiem firmowym Andrew Moszczynski Group.

*Ukochanej Żonie
Marioli*

SPIS TREŚCI

Wstęp	9
Rozdział 1. Co to jest wnikliwość?	11
Rozdział 2. Obraz osoby wnikliwej	15
Rozdział 3. Wnikliwość w różnych sferach życia	19
Rozdział 4. Rozwijanie wnikliwości	31
Rozdział 5. Wnikliwość w działaniu	37
Rozdział 6. Zastosowanie zasad wnikliwości	41
Co mógłbyś zapamiętać ☺?	43
Bibliografia	45
O autorze	61
Opinie o książce	67
Dodatek. Cytaty, które pomagały autorowi napisać tę książkę	71

Wstęp

Człowiek świadomy swoich możliwości, silnych i słabych stron, potrafiący efektywnie się uczyć, jest gotowy na to, by ukształtować w sobie nowe cechy, które staną się podstawą jego dojrzałej osobowości. To tak jakby na solidnym fundamencie postawić główne ściany konstrukcyjne budowli. Jedną z takich ścian dla charakteru człowieka jest wnikliwość. Uważam, że cecha ta, obok wiary w siebie, wytrwałości, odwagi, realizmu i entuzjazmu, jest odpowiedzialna za obecność szczęścia w naszym życiu. Wnikliwość, mówiąc najogólniej, to umiejętność świadomego wybierania własnej drogi i docierania do sedna rzeczy, patrzenia poza to, co widać na powierzchni. W praktyce wiąże się to z ciężką pracą, ale także z olbrzymią satysfakcją.

Kiedy coś odkrywamy i poznajemy prawdę, odczuwamy dużą satysfakcję.

Rozdział 1

Co to jest wnikliwość?

W języku hebrajskim słowo „wnikliwość" ma związek z rozumowym poznawaniem przyczyn. Jego synonimami są wyrażenia: działać rozumnie, działać roztropnie, osiągać sukces. Odnoszą się one do tego rodzaju wiedzy, która umożliwia postępowanie w mądry sposób. Mądrość to nie tylko posiadanie informacji, lecz także umiejętność zastosowania wiedzy w praktyce. Zatem człowiek wnikliwy wykorzystuje swą wiedzę w codziennym życiu. Osoba szukająca przyczyn, na przykład przyczyn sukcesu czy porażki, to osoba poszukująca mądrości. Wnikliwość jest w dzisiejszym zabieganym świecie niezwykle cenioną cechą. Należy ją zestawić ze zrozumieniem i z ustalaniem przyczyn.

Greckie słowo *epignosis* oznacza dokładne

poznanie. Poznając coś dokładnie, zaczynamy rozumieć pewne rzeczy lub czynności i łatwiej nam powiązać nowe wiadomości z dotychczas posiadaną wiedzą.

W myśli filozoficznej wnikliwe poszukiwanie prawdy było jednym z ważniejszych analizowanych problemów. Pierwszym pytaniem, jakie zadawali sobie myśliciele, było: „Czym jest prawda?". Odpowiedź Arystotelesa: „prawdziwe jest zdanie, które jest zgodne z rzeczywistością", uznana została za definicję klasyczną. Inna teoria – teoria zgody powszechnej – zakłada, że prawdą jest to, na co zgodzą się wszyscy lub grupa specjalistów. Utylitaryści uznali za prawdę wszystko, co było korzystne, użyteczne dla jednostki. Współczesny świat w definiowaniu tej wartości najczęściej kieruje się skutecznością. Aby odnaleźć prawdę, trzeba umieć zwątpić, odrzucić tezy uznane za pewne, takie, które świat próbuje nam narzucić. Krótko mówiąc, to, co zbuduje naszą osobowość, trzeba indywidualnie przepracować. Problem, przed którym stajemy, należy szczegółowo przeanalizować, dotrzeć do jego źródeł, znaleźć odpowiedzi na podstawowe pytania. Następnie trzeba stopniowo uszczegóławiać tezy ogólne, które sformułujemy w wyniku analiz, aż znajdziemy rozwiązanie problemu. Istotne jest również sprawdzenie, czy nie popełniliśmy błędu w toku rozumowania. Jeżeli wniosek jest dla nas jasny, wyraźny i oczywisty, mamy pewność, że to MY odnaleźliśmy prawdę.

Rozdział 2

Obraz osoby wnikliwej

Człowiek wnikliwy jest rozważny. Można mieć wątpliwości, czy taka osoba będzie miała wystarczającą siłę przebicia, by w dzisiejszym świecie coś osiągnąć, jednak są one zupełnie nieuzasadnione. Człowiek rozważny zanim wyznaczy sobie jakiś cel, najpierw zastanowi się nad faktycznymi możliwościami jego realizacji. Rozwaga powoduje, że dostrzega się różne niebezpieczeństwa, własne słabości i ograniczenia tkwiące w otoczeniu, a taka wiedza daje pewność i skuteczność działania. Osoba rozważna zawsze ma plan i to plan nie byle jaki. Powiedziałbym nawet, że jest to plan planów. Osoba wnikliwa widzi wiele aspektów jakiejś sprawy i bierze pod uwagę przeszkody, które mogą się pojawić. W jej planie znajdzie się zapis o tym, co zrobić, gdy te przeszkody się pojawią. Jeśli to nie pomoże, do realizacji zostanie wdrożony tak zwany plan B, czyli taki scenariusz, który pozwoli pozostać na obranej ścieżce. Człowieka, który mówi nam nie tylko o sukcesach i zaletach, lecz wspomina także o zagrożeniach i niedogodnościach, zazwyczaj darzymy dużym szacunkiem. Koncentrowanie się na pozytywnych aspektach jest typowe tylko dla ludzi mało doświadczonych, zaś każdy, kto już trochę poznał świat, podchodzi z rezerwą do takiego hurraoptymizmu. Jeśli zadbamy o rozwijanie wnikliwości, w naturalny sposób zyskamy umiejętność wyznaczania realistycznych celów i możliwych do zrealizowania planów.

Człowiek wnikliwy znajomość ludzkiej natury traktuje jako przyjemny obowiązek. Na jej poznanie poświęca dużo czasu. Wiedza z tego obszaru pomaga mu działać skutecznie i efektywnie. Osoba wnikliwa wie, że jednym z ważnych czynników odpowiedzialnych za osiąganie celów jest zrozumienie tego, jak w podobnych sytuacjach poradzili sobie inni. Dlatego poświęca czas na dociekanie przyczyn i okoliczności, w jakich znani ludzie, postacie współczesne lub historyczne, osiągnęli swoje cele. W tej kwestii wnikliwy człowiek nie słucha osób niekompetentnych, a jedynie znawców i ekspertów. Jeśli nabędzie wiedzę na określony temat, zmieni ogląd sytuacji, co będzie podstawą do podejmowania właściwych decyzji.

W Księdze Przysłów możemy przeczytać, że: „człowiek, który wargi swe trzyma w ryzach, działa rozumnie, czyli z wnikliwością". Po tym poznaje się człowieka roztropnego: mówi tylko wtedy, gdy trzeba, gdy ktoś go o coś poprosi i tylko tyle, ile potrzeba. Zanim coś powie, zastanowi się, jak jego słowa zostaną odebrane. Jego wypowiedź ma na celu podbudowanie innych, nigdy zaś upokorzenie czy wyrządzenie krzywdy. Czy ten aspekt wnikliwości jest zgodny z Twoim przekonaniem na ten temat?

☼

Rozdział 3

Wnikliwość w różnych sferach życia

Wnikliwość pozwala na osiągnięcie sukcesu w biznesie i utrzymanie jego efektów przez dłuższy czas. Firmy, którym się powiodło, często po jakimś czasie spoczywają na laurach i budzą się dopiero wtedy, gdy grozi im upadek. Jeśli prezes jest osobą wnikliwą, nie dopuści do takiej stagnacji, ponieważ wie, że czas spokoju należy wykorzystać na przygotowanie się na rozmaite zmiany sytuacji rynkowej, na przykład na atak konkurencji. Wnikliwy w swojej pracy prezes najpierw będzie się zajmował rzeczami ważnymi, a dopiero potem pilnymi. Wie on na przykład, że bardzo ważnym zagadnieniem jest gruntowne przygotowywanie się do spotkań z pracownikami, kontrahentami czy kluczowymi klientami.

Uwzględnia priorytety, potrafi wczuć się w sytuację innych ludzi. Nie bagatelizuje tego etapu, ponieważ wie, że stanowi on źródło wzajemnego zaufania. W ten sposób osiąga wiele celów, między innymi pewność tego, co mówi, wynikającą z wiedzy na dany temat. Inną korzyścią jest budowanie trwałych relacji z pracownikami, kontrahentami i klientami. Pracownik, który czuje się w firmie dobrze i ma satysfakcjonujące relacje z szefem, nie odejdzie do konkurencji tylko dlatego, że ta zaoferuje mu pensję wyższą o 10 procent. Czy Ty, mając dobrego, rozumiejącego i doceniającego Cię przełożonego, odszedłbyś do innej firmy, gdyby tam zaproponowano Ci o jedną dziesiątą więcej, a jednocześnie wiedziałbyś, że Twój przyszły szef ma despotyczne usposobienie? Podejrzewam, że nie. Łatwo więc dostrzec, w jaki sposób wnikliwość pozwala na zdobywanie lojalności innych.

Ta zasada odnosi się również do klientów i kontrahentów. Celem osoby wnikliwej jest bowiem zawsze sytuacja, w której wszystkie strony wygrywają. Osiąga to, zadając wiele pytań, także samemu sobie. Docieka na przykład, kim jest jej rozmówca, jaką ma osobowość, jak można do niego dotrzeć, jakie ma potrzeby i tym podobne. Potem człowiek wnikliwy prowadzi rozmowę w taki sposób, aby dana argumentacja trafiła do przekonania rozmówcy. Jest świadom, że największym kapitałem firmy są ludzie, a nie technologie. Dlatego inwestuje w kadry, w ich inspirowanie i motywowanie. Nie próbuje manipulować ani stosować żadnych innych podejrzanych technik psychologicznych. Wie, że jest to nie tylko nieuczciwe i nieetyczne, ale często też mści się srogo na osobie stosującej tego typu praktyki.

A jak wnikliwość przejawia się w życiu małżeńskim? W małżeństwie dużą rolę odgrywa łagodność. Jeśli małżonkowie odnoszą się do siebie delikatnie, zwłaszcza gdy występuje różnica zdań, ukazują tym samym swoją wnikliwość. Łagodność jest skutecznym i sprawdzonym sposobem na wyciszanie emocji. Chcąc ugasić ogień, zazwyczaj nie dolewamy do niego przysłowiowej oliwy, a raczej wody, która wygasza płomień. Uszczypliwe wypowiedzi tylko podsycają złość drugiej osoby, tak jak oliwa podsyca palący się płomień. Warto dać sobie chwilę na schłodzenie emocji i przeczekanie najgorszego wzburzenia. Krytyczne uwagi, nieraz nawet wyzwiska rzucane przez małżonków, również w obecności dzieci, mogą mieć fatalne następstwa. Zarówno mąż, jak i żona powinni zastanowić się, jak dużo mogą ich kosztować nierozważnie wypowiedziane słowa. Tak postąpi osoba wnikliwa.

Odpowiedzmy sobie na pytania: Czego potrzeba, gdy atmosfera staje się coraz bardziej gorąca? Czyż nie potrzeba właśnie wnikliwości? W Księdze Przysłów 16:23 czytamy, że serce mądrego skłania jego usta do wnikliwości, a jego wargom dodaje zdolności przekonywania. Wnikliwość pozwala zatem dostrzegać więcej niż to, co znajduje się na powierzchni. Człowiek wnikliwy każde potknięcie współmałżonka czy potencjalny konflikt będzie traktował poważnie, nie wyolbrzymiając go, a jedynie szukając prawdziwych przyczyn problemu. Wykorzysta te wydarzenia jako okazję do lepszego poznania współmałżonka, co w przyszłości pozwoli uniknąć podobnych sytuacji. Kiedy mężczyzna zastaje po powrocie z pracy do domu swoją żonę owładniętą niepohamowanym gniewem, ma wspaniałą okazję, by wykazać się wnikliwością i zdusić nadchodzącą awanturę w zarodku. Czy łatwo jest w takiej sytuacji stawić opór naturalnemu odruchowi i na krzyki, pretensje i złość nie odpowiadać tym samym? Wnikliwy małżonek zastanowi się, dlaczego żona tak się zachowuje. Odpowiedzi mogą być różne, ale mąż nie wyciągnie pochopnych wniosków i nie da się ponieść gniewowi. To wnikliwość daje człowiekowi moc przechodzenia do porządku dziennego nad potknięciami innych.

Czy potrafimy spojrzeć głębiej, poza słowa? Czy potrafimy nadal dostrzegać zalety innych i nawet w trudnej, konfliktowej sytuacji, rozpoznać czyjeś prawdziwe intencje ukryte pod płaszczykiem pretensji? Wiem, że to spore wyzwanie, sam nad tym ciągle pracuje i często stawiam się (symbolicznie) do kąta i zmuszam się do wyciągania konstruktywnych wniosków. To, co mi najbardziej pomaga, co jest skuteczne i w mojej sytuacji się sprawdza, to przypominanie sobie własnych błędów. Pamiętanie o tym, że moja żona regularnie okazuje cierpliwość wobec moich przywar jest naprawdę pomocne.

Wnikliwość dodaje siły w trudnych i stresujących momentach. Łączy się bowiem z wiedzą, która odpowiedzialna jest za wykształcanie się przekonań determinujących nasze nastawienie do życia i świata.

Na przykład w małżeństwie nie zdarza się, by ludzie zawsze i we wszystkim się zgadzali, różnice zdań są nieuniknione. Można powiedzieć, że sukces w tej materii opiera się na skupieniu na tym, co małżonków łączy, a nie na tym, co ich dzieli. Wówczas, nawet jeśli mają odmienne upodobania, zawsze osiągną kompromis. Trzeba tylko skoncentrować się na tym, co ich zespala i dodaje otuchy. Rodzin nie zakładają osoby idealne, można jednak znaleźć zadowolenie w małżeństwie, jeśli będzie się pracowało nad wnikliwością. W ten sposób dajemy związkowi szansę na przetrwanie wielu lat. Pozwalamy mu rozwijać się jak kwiatu codziennie podlewanemu czułością: miłym słowem, drobnym gestem, upominkami. Dzięki wnikliwości wiemy, że musimy szczerze starać się o nasz związek i współmałżonka, dbać o wzajemne relacje.

Człowiek wnikliwy potrafi się pogodzić z tym, że jego oczekiwania wobec innych osób okazują się nierealistyczne. Na przykład mąż choleryk, któremu gniew szybko mija, nie może oczekiwać, że jego żona, która ma tendencję do tłumienia w sobie złości i reagowania na sytuacje konfliktowe wycofaniem, powróci do stanu równowagi po ciężkiej awanturze w tym samym czasie, co on. Rozsądek podpowiada, by uwzględnić odmienny temperament, wychowanie i nawyki żony i dać jej czas na dojście do siebie, a przy najbliższej okazji przeprosić ją. Tak postąpi osoba wnikliwa.

Obdarzony wnikliwością człowiek nie zwraca się do innych w sposób nadmiernie emocjonalny i nieprzemyślany, bo wie, że w ten sposób wzbudzi tylko ich gniew. Należy uczyć się przewidywania negatywnych konsekwencji swoich czynów i słów. Bogactwo języka pozwala na stosowanie zamienników i eufemizmów, które niewiele zmieniają znaczenie wypowiedzi, ale całkowicie oczyszczają ją z negatywnych emocji. Nietrudno przewidzieć reakcję człowieka, którego określimy mianem głupca, nawet jeśli są ku temu uzasadnione powody – z pewnością poczuje się dotknięty i zareaguje kontratakiem. Natomiast gdy zamiast obrazić kogoś, mówiąc mu, że jest głupi, zwrócimy mu uwagę, że jego zachowanie nie było zbyt rozsądne, ocenimy nie człowieka, a tylko jego postępowanie w danej sytuacji, co pozwoli wyciągnąć konstruktywne wnioski i umożliwi rzeczową dyskusję na ten temat. Powinniśmy zatem odpowiadać za słowa i ćwiczyć się w panowaniu nad nimi. Pomaga w tym wnikliwość, dzięki której w sytuacjach konfliktowych łatwiej opanować emocje, wniknąć głębiej w problem, znaleźć jego przyczyny i rozwiązanie. Osoba wnikliwa pamięta, jak istotny jest sposób mówienia i ton głosu. Księga Przysłów 12:18 wspomina, że: *Język mądrych jest lekarstwem*. W innym miejscu tej samej księgi (19:11) mowa jest o tym, że łagodna odpowiedź uśmierza gniew.

Teraz zrób sobie przerwę i zastanów się nad swoim sposobem mówienia. Czy Twój język jest lekarstwem, czy może ostrym mieczem? Czy z wypowiadanych słów układasz drogę do pojednania, czy wznosisz barykadę? Czy prowadzisz wewnętrzny dialog i analizujesz sytuację? Czy wiesz, jakich słów użyć, by dążyć do zgody?

Mężczyzna może sądzić, że zwracanie się do żony w sposób łagodny jest oznaką słabości. To nieprawda. Żona szanuje męża, który stara się ją szanować, uwzględniać jej potrzeby, charakter, wychowanie i swoim zachowaniem pokazuje, że akceptuje ją taką, jaka jest. Jeśli masz jakieś zastrzeżenia do swojego partnera, nie zmienisz go gniewem i krzykiem, lecz miłością i łagodnością. Oczywiście trwałe zmiany nie nastąpią od razu, czasem potrzeba lat, ale pierwsze efekty widać już po kilku miesiącach starań.

Pamiętajmy zatem, że gniew czy impulsywne wypowiedzi zawsze pogarszają sytuację, powodują, że inni nie chcą z nami rozmawiać, zamykają się. Najważniejsze jest kontrolowanie emocji, by nie zdominowały naszych myśli i postępowania. Oczywiście każdemu czasem zdarza się powiedzieć coś, czego później żałuje. Należy zatem nauczyć się szczerze przepraszać za takie zachowanie.

Dzięki wnikliwości można przestać się martwić i stresować. Często zadręczamy się przyziemnymi kłopotami dnia codziennego. Co robi w takim przypadku osoba wnikliwa? Jeśli brakuje jej pieniędzy, najpierw ustala, dlaczego tak jest, liczy wydatki na jedzenie, rachunki, paliwo, edukację dzieci, ubrania, przyjemności i tak dalej. Następnie zestawia je z przychodami. Jeśli okaże się, że koszty przewyższają przychody, zastanowi się nad możliwymi rozwiązaniami, na przykład nad zmianą pracy na lepiej płatną, co może wiązać się z koniecznością nabycia nowych umiejętności.

Człowiek wnikliwy odważnie analizuje źródła stresu i zmartwień, nie boi się do nich zbliżyć, wręcz chce ich dotknąć i dokładnie zbadać. Szuka wytrwale odpowiedzi na pytanie, jak zmienić sytuację, widzi jej negatywne skutki. Chce pozbyć się smutku, który odbiera mu energię i który zauważają najbliżsi. Pomocne może być odkrycie w sobie jakieś mocnej cechy, której do tej pory się nie rozwijało. Może to być pewność siebie lub entuzjazm, ułatwiające dokonywanie znaczących zmian w życiu.

Równie często, co o pieniądze, martwimy się o sprawy zdrowotne. Jeśli potraktujemy nasze zdrowie w sposób wnikliwy, z pewnością sięgniemy po poradniki dotyczące zdrowego odżywiania i trybu życia, higieny osobistej, a następnie zaczniemy wprowadzać w życie zawarte w nich sugestie. Człowiek wnikliwy dba także o profilaktykę, regularnie odwiedza specjalistów, poddaje się badaniom kontrolnym. Niestety, wielu z nas martwi się o zdrowie, ale w ogóle nie dba o swój organizm. Przykładem niech będą częste przypadki zachorowań na raka szyjki macicy. A przecież chorobie tej można zapobiec lub ją wyleczyć, gdy zostanie odpowiednio wcześnie wykryta. Człowiek wnikliwy zdobywa wiedzę na temat zdrowia i przewiduje skutki zaniedbań na tym polu, bierze zatem pod uwagę konieczność działań prewencyjnych.

Podsumowując, osoba wnikliwa poświęca czas na analizę zagadnień, które są przedmiotem jej troski, i podejmuje stosowne kroki dla spokoju i szczęścia swojego oraz bliskich.

Rozdział 4

Rozwijanie wnikliwości

Wiemy już, jakimi przymiotami charakteryzuje się człowiek wnikliwy. Zastanówmy się teraz, jak obudzić i rozwinąć w sobie wnikliwość. Jedna z metod pracy w tym zakresie polega na wyrobieniu sobie nawyku prowadzenia wewnętrznego dialogu. Postępowali tak wybitni myśliciele – Sokrates i Augustyn – ponieważ właśnie w wyniku takich rozmów z samym sobą rodzi się wnikliwość. Wsłuchiwanie się w siebie, badanie, analizowanie własnych wspomnień to dobry sposób na rozwijanie się i znajdowanie właściwych odpowiedzi. Jeśli wystarczająco często będziemy pytać siebie: „dlaczego?", wówczas odpowiedź na pytanie: „jak?", przyjdzie nawet, gdy nie będziesz na nią liczył. Nie oznacza to bynajmniej, że automatycznie przejdziemy od diagnozy sytuacji do jej zmiany, sądzę jednak, że nawykowe pytanie o przyczyny powinno nam towarzyszyć w poszukiwaniu wnikliwości.

Dociekajmy powodów sukcesów i porażek, nie bójmy się dotykać tematów trudnych, o dużym ładunku emocjonalnym, uczmy się na błędach. Jak to robić? W moim przypadku sprawdziło się założenie zeszytu, w którym prowadzę osobiste notatki. Raz w tygodniu zapisuję odpowiedzi na dwa pytania: „Co zrobiłem dobrze?", „Co mógłbym zrobić lepiej?".

Koryguję siebie regularnie, ale też i chwalę. Jak się tego nauczyć? Każdy powinien po prostu spróbować stać się sobie bliskim. Mam wrażenie, że ludzie uciekają od samych siebie, starają się zapełnić czas rozmowami z innymi, telewizją i innymi zajęciami, byle tylko nie pozostać z sobą sam na sam. Z moim obserwacji wynika, że przyczyną tego jest, po pierwsze, brak sympatii do siebie, a po drugie, niechęć do przyznawania się przed samym sobą do błędów i niedociągnięć. Często wybieramy towarzystwo tych osób, które obsypują nas pochlebstwami, należy jednak częściej być własnym przyjacielem, autentycznie chwalić i ganić samego siebie. Biblia mówi, że mamy miłować bliźniego swego, **jak siebie samego**.

Czasami proszę kogoś, żeby opowiedział mi coś o sobie i zazwyczaj słyszę niewiele dobrego; niekiedy to, co mówi, brzmi jak wyuczona formułka. Jeśli jesteś jedną z takich osób, powinieneś popracować nad poczuciem własnej wartości.

Jak znaleźć czas na wewnętrzny dialog? Uważam, że wymaga to jedynie dobrego planowania. Żeby znaleźć czas na wewnętrzny dialog, wystarczy zaplanować sobie bloki czasowe z przerwami w pracy i dobrze je wykorzystywać. Należy mieć także silne przekonanie, że jest to skuteczna metoda – tylko pod tym warunkiem będziemy mieć wystarczająco silną determinację, by regularnie ją stosować. Nastawienie umysłu na wewnętrzny dialog to już połowa sukcesu. Spróbujmy zatem przekonać samych siebie, że bycie wnikliwym to jedynie kwestia dyscypliny.

Ważne jest też skoncentrowanie się na jednym zadaniu. Wówczas energia skupia się jak wiązka promienia laserowego i jesteśmy w stanie podołać niemal każdemu wyzwaniu.

Kolejnym sposobem jest czytanie biografii osób wnikliwych i mądrych, które zasługują na miano ludzi sukcesu, które zdołały pogodzić skuteczną działalność w wielu obszarach życia.

Pamiętaj również, by nie brać na siebie zbyt wielu uciążliwych zadań naraz z różnych dziedzin: zawodowej, osobistej, rodzinnej. Zbyt duże obciążenie powoduje wygaszenie wnikliwości, nawet jeśli cechę tę pracowicie w sobie wykształciliśmy. Wnikliwość potrzebuje sprzyjających warunków: wyciszenia, spokoju, odpowiedniej atmosfery. Jeśli narzucimy sobie dużo zadań w ograniczonym czasie, nie zdołamy do każdego z nich podejść wystarczająco wnikliwie. Powinniśmy nauczyć się selekcjonować prace, których się podejmujemy. Czasem musimy komuś odmówić.

Niekiedy ludzie mówią mi, że nie mają czasu na czytanie czy prowadzenie wewnętrznego dialogu. Dla mnie brzmi to tak, jakby mi mówili, że nie mają czasu na bycie szczęśliwym. Inni mówią, że nie mają odwagi czy wytrwałości. Jednak by sięgnąć po szczęście, potrzeba czasu i wysiłku. Przecież jeśli sami sobie nie pomożemy, nikt inny nie uczyni tego za nas. Wnikliwość jest cenną zaletą, która umożliwia dokładne badanie rzeczywiści i zagłębianie się w sedno spraw za pomocą wszechstronnej analizy. Każdy może rozwinąć lub posiąść ten przymiot i choć sposoby pracy nad nim nie są łatwe, naprawdę przynoszą efekty. Wnikliwość pomaga być szczęśliwym, niech więc dzisiejszy dzień będzie Twoim pierwszym na drodze do jej budowania.

Rozdział 5

Wnikliwość w działaniu

Izaak Newton i Albert Einstein to dwaj najsławniejsi myśliciele w historii nowożytnej nauki. To im zawdzięczamy największe odkrycia i przełomy w wielu dziedzinach wiedzy.

Angielski poeta Alexander Pope tak wypowiadał się o Newtonie: „Natura i jej prawa ukryte były w ciemnościach. Rzekł Bóg: »Niech stanie się Newton« i wszystko stało się jasne". Newton był człowiekiem wnikliwym, szukającym ukrytych przyczyn wszystkich zjawisk, odkrywającym ich prawdziwą naturę. Odbierając uniwersyteckie wykształcenie, bardzo szybko przyswoił sobie niemal całą znaną wówczas wiedzę. Pomiędzy 21 a 27 rokiem życia położył podwaliny pod teorie, które w krótkim czasie zrewolucjonizowały ówczesny światopogląd naukowy. Jego odkrycia i badania wprowadziły naukę na nowoczesne tory, po których porusza się ona do dziś. Jest autorem praw dynamiki, dla których wskazał praktyczne zastosowanie, zajmował się badaniami nad naturą światła, optyką, termodynamiką, akustyką, wynalazł rachunek różniczkowy, który stanowi najważniejsze osiągnięcie nowożytnej matematyki. Naukę można podzielić na dwie epoki: przed i po Newtonie. Wszystko, co działo się przed nim, to zlepki faktów i luźne teorie, natomiast po jego odkryciach nauka zaczęła przybierać formę spójnego systemu praw i twierdzeń, z których większość jest aktualna i wykorzystywana do dziś.

Albert Einstein to chyba najważniejsza postać nauki XX wieku i najwybitniejszy umysł w historii ludzkości. Jego najbardziej znane dokonania to sformułowanie szczególnej i ogólnej teorii względności, które autentycznie zrewolucjonizowały współczesną naukę. Zmieniły radykalnie sposób postrzegania zagadnień czasu, przestrzeni czy stosunku materii do energii. Co ciekawe, Einstein do swoich wniosków doszedł na drodze wyłącznie rozumowych metod, odrzucając empiryczne techniki obowiązujące w nowożytnej nauce. Ogromna wnikliwość pozwoliła mu na sformułowanie nieprawdopodobnych dla innych uczonych teorii przy wykorzystaniu jedynie własnego umysłu i języka matematyki. Co więcej, teorie Einsteina po dziś przechodzą pomyślnie wszystkie empiryczne testy, nikomu nie udało się udowodnić, że są błędne lub nie sprawdzają się w jakichś konkretnych warunkach. Są powszechnie uznawane w całym współczesnym świecie naukowym. Innym dokonaniem uczonego, za które otrzymał Nagrodę Nobla w dziedzinie fizyki, było wysunięcie hipotezy istnienia fotonów, czyli cząsteczek światła. Według niego światło ma dwoistą naturę, zarówno falową, jak i cząsteczkową. Wcześniej sądzono, że jest ono jedynie falą elektromagnetyczną, a fale i cząsteczki uznawano za byty w naturalny sposób przeciwstawne. Ta teoria Einsteina wywarła istotny wpływ na rozwój mechaniki kwantowej. Jego dokonania należy docenić tym bardziej , że nie zaprzestał pracy, mimo że początkowo wszyscy, nawet on sam, powątpiewali w wartość jego ustaleń. Jednak przezwyciężył wszelkie przeszkody i doprowadził badania do końca. W efekcie udało mu się przekonać do nich cały świat.

Rozdział 6

Zastosowanie zasad wnikliwości

Już sama praca nad obudzeniem wnikliwości jest dla nas korzystna. Gdy wyrobimy w sobie tę cechę i będziemy skupiali się na jej utrzymaniu, odczujemy kolejne pozytywne konsekwencje. Po pierwsze rozmiłujemy się w zdobywaniu i pogłębianiu wiedzy. To, co kiedyś było męczącym obowiązkiem, na który nie znajdowaliśmy czasu, teraz stanie się naszą pasją. Jeśli jakiś temat zacznie być dla nas ważny, będziemy chcieli wszystkiego się o nim dowiedzieć. Dzięki tej wiedzy zaczniemy działać i zachowywać się pewniej, a podejmowanie decyzji, nawet najtrudniejszych, będzie przychodziło nam bardzo łatwo. Codziennością stanie się staranne przygotowywanie do każdego spotkania i na każdą okoliczność. W ten sposób wyrazimy szacunek do naszych partnerów w pracy i życiu prywatnym, a także samym sobie. Systematyczne i wnikliwe zdobywanie wiedzy odciśnie się na naszej moralności. W końcu już Sokrates mawiał, że cnota to wiedza! Mądrości można się nauczyć „i ona jedna czyni człowieka szczęśliwym i daje mu powodzenie"[1].

Działając w oparciu o plany i różne scenariusze rozwoju sytuacji, będziemy w mniejszym stopniu narażeni na nieprzyjemne niespodzianki. Pozytywne skutki odczuje również otoczenie. Będziemy lepiej rozumieć współpracowników czy współmałżonka.

---

[1] Platon, *Eutydem*, Warszawa 1957.

Co mógłbyś zapamiętać ?

1. Wnikliwość to umiejętność dokładnego badania zagadnienia, wnikania w nie, dokonywania wszechstronnej analizy i docierania do prawdy.
2. Rozwijanie w sobie wnikliwości we wszystkich sferach życia przyczynia się do budowania szczęścia i osiągania życiowego spełnienia.
4. Prowadzenie wewnętrznego dialogu pozwala rozwijać wnikliwość.
5. Cennym źródłem nauki są biografie ludzi, którzy utrwalili w sobie wnikliwość i dzięki temu osiągnęli szczęście i sukces.

☼

Bibliografia

Albright M., Carr C., *Największe błędy menedżerów*, Warszawa 1997.
Allen B.D., Allen W.D., *Formuła 2+2. Skuteczny coaching*, Warszawa 2006.
Anderson Ch., *Za darmo: przyszłość najbardziej radykalnej z cen*, Kraków 2011.
Anthony R., *Pełna wiara w siebie*, Warszawa 2005.
Ariely D., *Zalety irracjonalności. Korzyści z postępowania wbrew logice w domu i pracy*, Wrocław 2010.
Bates W.H., *Naturalne leczenie wzroku bez okularów*, Katowice 2011.
Bettger F., *Jak umiejętnie sprzedawać i zwielokrotnić dochody*, Warszawa 1995.
Blanchard K., Johnson S., *Jednominutowy menedżer*, Konstancin-Jeziorna 1995.
Blanchard K., O'Connor M., *Zarządzanie poprzez wartości*, Warszawa 1998.
Bogacka A.W., *Zdrowie na talerzu*, Białystok 2008.
Bollier D., *Mierzyć wyżej. Historie 25 firm, które osiąg-

nęły sukces, łącząc skuteczne zarządzanie z realizacją misji społecznych, Warszawa 1999.
Bond W.J., *199 sytuacji, w których tracimy czas, i jak ich uniknąć*, Gdańsk 1995.
Bono E. de, *Dziecko w szkole kreatywnego myślenia*, Gliwice 2010.
Bono E. de, *Sześć kapeluszy myślowych*, Gliwice 2007.
Bono E. de, *Sześć ram myślowych*, Gliwice 2009.
Bono E. de, *Wodna logika. Wypłyń na szerokie wody kreatywności*, Gliwice 2011.
Bossidy L., Charan R., *Realizacja. Zasady wprowadzania planów w życie*, Warszawa 2003.
Branden N., *Sześć filarów poczucia własnej wartości*, Łódź 2010.
Branson R., *Zaryzykuj – zrób to! Lekcje życia*, Warszawa-Wesoła 2012.
Brothers J., Eagan E, *Pamięć doskonała w 10 dni*, Warszawa 2000.
Buckingham M., *To jedno, co powinieneś wiedzieć... o świetnym zarządzaniu, wybitnym przywództwie i trwałym sukcesie osobistym*, Warszawa 2006.
Buckingham M., *Wykorzystaj swoje silne strony. Użyj dźwigni swojego talentu*, Waszawa 2010
Buckingham M., Clifton D.O., *Teraz odkryj swoje silne strony*, Warszawa 2003.

Butler E., Pirie M., *Jak podwyższyć swój iloraz inteligencji?*, Gdańsk 1995.

Buzan T., *Mapy myśli*, Łódź 2008.

Buzan T., *Pamięć na zawołanie*, Łódź 1999.

Buzan T., *Podręcznik szybkiego czytania*, Łódź 2003.

Buzan T., *Potęga umysłu. Jak zyskać sprawność fizyczną i umysłową: związek umysłu i ciała*, Warszawa 2003.

Buzan T., Dottino T., Israel R., *Zwykli ludzie – liderzy. Jak maksymalnie wykorzystać kreatywność pracowników*, Warszawa 2008.

Carnegie D., *I ty możesz być liderem*, Warszawa 1995.

Carnegie D., *Jak przestać się martwić i zacząć żyć*, Warszawa 2011.

Carnegie D., *Jak zdobyć przyjaciół i zjednać sobie ludzi*, Warszawa 2011.

Carnegie D., *Po szczeblach słowa. Jak stać się doskonałym mówcą i rozmówcą*, Warszawa 2009.

Carnegie D., Crom M., Crom J.O., *Szkoła biznesu. O pozyskiwaniu klientów na zawsze*, Waszrszawa 2003

Cialdini R., *Wywieranie wpływu na ludzi*, Gdańsk 1998.

Clegg B., *Przyspieszony kurs rozwoju osobistego*, Warszawa 2002.

Cofer C.N., Appley M.H., *Motywacja: teoria i badania*, Warszawa 1972.

Cohen H., *Wszystko możesz wynegocjować. Jak osiągnąć to, co chcesz*, Warszawa 1997. r Covey S.R., 3. rozwiązanie, Poznań 2012.

Covey S.R., *7 nawyków skutecznego działania*, Poznań 2007.

Covey S.R., *8. nawyk*, Poznań 2006.

Covey S.R., Merrill A.R., Merrill R.R., *Najpierw rzeczy najważniejsze*, Warszawa 2007.

Craig M., *50 najlepszych (i najgorszych) interesów w historii biznesu*, Warszawa 2002.

Csikszentmihalyi M., *Przepływ: psychologia optymalnego doświadczenia*, Wrocław 2005

Davis R.C., Lindsmith B., *Ludzie renesansu: umysły, które ukształtowały erę nowożytną*, Poznań 2012

Davis R.D., Braun E.M., *Dar dysleksji. Dlaczego niektórzy zdolni ludzie nie umieją czytać i jak mogą się nauczyć*, Poznań 2001.

Dearlove D., *Biznes w stylu Richarda Bransona. 10 tajemnic twórcy megamarki*, Gdańsk 2009.

DeVos D., *Podstawy wolności. Wartości decydujące o sukcesie jednostek i społeczeństw*, Konstancin-Jeziorna 1998.

DeVos R.M., Conn Ch.P., *Uwierz! Credo człowieka czynu, współzałożyciela Amway Corporation, hołdującego zasadom, które uczyniły Amerykę wielką*, Warszawa 1994.

Dixit A.K., Nalebuff B.J., *Myślenie strategiczne. Jak zapewnić sobie przewagę w biznesie, polityce i życiu prywatnym*, Gliwice 2009.

Dixit A.K., Nalebuff B.J., *Sztuka strategii. Teoria gier w biznesie i życiu prywatnym*, Warszawa 2009.

Dobson J., *Jak budować poczucie wartości w swoim dziecku*, Lublin 1993.

Doskonalenie strategii (seria *Harvard Bussines Review*), praca zbiorowa, Gliwice 2006.

Dryden G., Vos J., *Rewolucja w uczeniu*, Poznań 2000.

Dyer W.W., *Kieruj swoim życiem*, Warszawa 2012.

Dyer W.W., *Pokochaj siebie*, Warszawa 2008.

Edelman R.C., Hiltabiddle T.R., Manz Ch.C., *Syndrom miłego człowieka*, Gliwice 2010.

Eichelberger W., Forthomme P., Nail F., *Quest. Twoja droga do sukcesu. Nie ma prostych recept na sukces, ale są recepty skuteczne*, Warszawa 2008.

Enkelmann N.B., *Biznes i motywacja*, Łódź 1997.

Eysenck H. i M., *Podpatrywanie umysłu. Dlaczego ludzie zachowują się tak, jak się zachowują?*, Gdańsk 1996.

Ferriss T., *4-godzinny tydzień pracy. Nie bądź płatnym niewolnikiem od 7.00 do 17.00*, Warszawa 2009.

Flexner J.T., Waschington. *Człowiek niezastąpiony*, Warszawa 1990.

Forward S., Frazier D., *Szantaż emocjonalny: jak obronić się przed manipulacją i wykorzystaniem*, Gdańsk 2011.

Frankl V.E., *Człowiek w poszukiwaniu sensu*, Warszawa 2009.
Fraser J.F., *Jak Ameryka pracuje*, Przemyśl 1910.
Freud Z., *Wstęp do psychoanalizy*, Warszawa 1994.
Fromm E., *Mieć czy być*, Poznań 2009.
Fromm E., *Niech się stanie człowiek. Z psychologii etyki*, Warszawa 2005.
Fromm E., *O sztuce miłości*, Poznań 2002.
Fromm E., *O sztuce słuchania. Terapeutyczne aspekty psychoanalizy*, Warszawa 2002.
Fromm E., *Serce człowieka. Jego niezwykła zdolność do dobra i zła*, Warszawa 2000.
Fromm E., *Ucieczka od wolności*, Warszawa 2001.
Fromm E., *Zerwać okowy iluzji*, Poznań 2000.
Galloway D., *Sztuka samodyscypliny*, Warszawa 1997.
Gardner H., *Inteligencje wielorakie – teoria w praktyce*, Poznań 2002.
Gawande A., *Potęga checklisty: jak opanować chaos i zyskać swobodę w działaniu*, Kraków 2012.
Gelb M.J., *Leonardo da Vinci odkodowany*, Poznań 2005.
Gelb M.J., Miller Caldicott S., *Myśleć jak Edison*, Poznań 2010.
Gelb M.J., *Myśleć jak geniusz*, Poznań 2004.
Gelb M.J., *Myśleć jak Leonardo da Vinci*, Poznań 2001.
Giblin L., *Umiejętność postępowania z innymi...*, Kraków 1993.

Girard J., Casemore R., *Pokonać drogę na szczyt*, Warszawa 1996.
Glass L., *Toksyczni ludzie*, Poznań 1998.
Godlewska M., *Jak pokonałam raka*, Białystok 2011.
Godwin M., *Kim jestem? 101 dróg do odkrycia siebie*, Warszawa 2001.
Goleman D., *Inteligencja emocjonalna*, Poznań 2002.
Gordon T., *Wychowywanie bez porażek szefów, liderów, przywódców*, Warszawa 1996.
Gorman T., *Droga do skutecznych działań. Motywacja*, Gliwice 2009.
Gorman T., *Droga do wzrostu zysków. Innowacja*, Gliwice 2009.
Greenberg H., Sweeney P., *Jak odnieść sukces i rozwinąć swój potencjał*, Warszawa 2007.
Habeler P., Steinbach K., *Celem jest szczyt*, Warszawa 2011.
Hamel G., Prahalad C.K., *Przewaga konkurencyjna jutra*, Warszawa 1999.
Hamlin S., *Jak mówić, żeby nas słuchali*, Poznań 2008.
Hill N., *Klucze do sukcesu*, Warszawa 1998.
Hill N., *Magiczna drabina do sukcesu*, Warszawa 2007.
Hill N., *Myśl!... i bogać się. Podręcznik człowieka interesu*, Warszawa 2012.
Hill N., *Początek wielkiej kariery*, Gliwice 2009.
Ingram D.B., Parks J.A., *Etyka dla żółtodziobów, czyli wszystko, co powinieneś wiedzieć o...*, Poznań 2003.

Jagiełło J., Zuziak W. [red.], *Człowiek wobec wartości*, Kraków 2006.

James W., *Pragmatyzm*, Warszawa 2009.

Jamruszkiewicz J., *Kurs szybkiego czytania*, Chorzów 2002.

Johnson S., *Tak czy nie. Jak podejmować dobre decyzje*, Konstancin-Jeziorna 1995.

Jones Ch., *Życie jest fascynujące*, Konstancin-Jeziorna 1993.

Kanter R.M., *Wiara w siebie. Jak zaczynają się i kończą dobre i złe passy*, Warszawa 2006.

Keller H., *Historia mojego życia*, Warszawa 1978.

Kirschner J., *Zwycięstwo bez walki. Strategie przeciw agresji*, Gliwice 2008.

Koch R., *Zasada 80/20. Lepsze efekty mniejszym nakładem sił i środków*, Konstancin--Jeziorna 1998.

Kopmeyer M.R., *Praktyczne metody osiągania sukcesu*, Warszawa 1994.

Ksenofont, *Cyrus Wielki. Sztuka zwyciężania*, Warszawa 2008.

Kuba A., Hausman J., *Dzieje samochodu*, Warszawa 1973.

Kumaniecki K., *Historia kultury starożytnej Grecji i Rzymu*, Warszawa 1964.

Lamont G., *Jak podnieść pewność siebie*, Łódź 2008.

Leigh A., Maynard M., *Lider doskonały*, Poznań 1999.

Littauer F., *Osobowość plus*, Warszawa 2007.

Loreau D., *Sztuka prostoty*, Warszawa 2009.
Lott L., Intner R., Mendenhall B., *Autoterapia dla każdego. Spróbuj w osiem tygodni zmienić swoje życie*, Warszawa 2006.
Maige Ch., Muller J.-L., *Walka z czasem. Atut strategiczny przedsiębiorstwa*, Warszawa 1995.
Mansfield P., *Jak być asertywnym*, Poznań 1994.
Martin R., *Niepokorny umysł. Poznaj klucz do myślenia zintegrowanego*, Gliwice 2009.
Maslow A., *Motywacja i osobowość*, Warszawa 2009.
Matusewicz Cz., *Wprowadzenie do psychologii*, Warszawa 2011.
Maxwell J.C., *21 cech skutecznego lidera*, Warszawa 2012.
Maxwell J.C., *Tworzyć liderów, czyli jak wprowadzać innych na drogę sukcesu*, Konstancin-Jeziorna 1997.
Maxwell J.C., *Wszyscy się komunikują, niewielu potrafi się porozumieć*, Warszawa 2011.
McCormack M.H., *O zarządzaniu*, Warszawa 1998.
McElroy K., *Jak inwestować w nieruchomości. Znajdź ukryte zyski, których większość inwestorów nie dostrzega*, Osielsko 2008.
McGee P., *Pewność siebie. Jak mała zmiana może zrobić wielką różnicę*, Gliwice 2011.
McGrath H., Edwards H., *Trudne osobowości. Jak radzić sobie ze szkodliwymi zachowaniami innych oraz własnymi*, Poznań 2010.

Mellody P., Miller A.W., Miller J.K., *Toksyczna miłość i jak się z niej wyzwolić*, Warszawa 2013.
Melody B., *Koniec współuzależnienia*, Poznań 2002.
Miller M., *Style myślenia*, Poznań 2000.
Mingotaud F., *Sprawny kierownik. Techniki osiągania sukcesów*, Warszawa 1994.
MJ DeMarco, *Fastlane milionera*, Katowice 2012.
Morgenstern J., *Jak być doskonale zorganizowanym*, Warszawa 2000.
Nay W.R., *Związek bez gniewu. Jak przerwać błędne koło kłótni, dąsów i cichych dni*, Warszawa 2011.
Nierenberg G.I., *Ekspert. Czy nim jesteś?*, Warszawa 2001.
Ogger G., *Geniusze i spekulanci, Jak rodził się kapitalizm*, Warszawa 1993.
Osho, *Księga zrozumienia. Własna droga do wolności*, Warszawa 2009.
Parkinson C.N., *Prawo pani Parkinson*, Warszawa 1970.
Peale N.V., *Entuzjazm zmienia wszystko. Jak stać się zwycięzcą*, Warszawa 1996.
Peale N.V., *Możesz, jeśli myślisz, że możesz*, Warszawa 2005.
Peale N.V., *Rozbudź w sobie twórczy potencjał*, Warszawa 1997.
Peale N.V., *Uwierz i zwyciężaj. Jak zaufać swoim myślom i poczuć pewność siebie*, Warszawa 1999.

Pietrasiński Z., *Psychologia sprawnego myślenia*, Warszawa 1959.
Pilikowski J., *Podróż w świat etyki*, Kraków 2010.
Pink D.H., *Drive*, Warszawa 2011.
Pirożyński M., *Kształcenie charakteru*, Poznań 1999.
Pismo Święte Starego i Nowego Testamentu. Biblia Tysiąclecia, Warszawa 2002.
Pismo Święte w Przekładzie Nowego Świata, 1997.
Popielski K., *Psychologia egzystencji. Wartości w życiu*, Lublin 2009.
Poznaj swoją osobowość, Bielsko-Biała 1996.
Przemieniecki J., *Psychologia jednostki. Odkoduj szyfr do swego umysłu*, Warszawa 2008.
Pszczołowski T., *Umiejętność przekonywania i dyskusji*, Gdańsk 1998.
Reiman T., *Potęga perswazyjnej komunikacji*, Gliwice 2011.
Robbins A., *Nasza moc bez granic. Skuteczna metoda osiągania życiowych sukcesów za pomocą NLP*, Konstancin-Jeziorna 2009.
Robbins A., *Obudź w sobie olbrzyma... i miej wpływ na całe swoje życie – od zaraz*, Poznań 2002.
Robbins A., *Olbrzymie kroki*, Warszawa 2001.
Robert M., *Nowe myślenie strategiczne: czyste i proste*, Warszawa 2006.
Robinson J.W., *Imperium wolności. Historia Amway Corporation*, Warszawa 1997.

Rose C., Nicholl M.J., *Ucz się szybciej, na miarę XXI wieku*, Warszawa 2003.
Rose N., *Winston Churchill. Życie pod prąd*, Warszawa 1996.
Rychter W., *Dzieje samochodu*, Warszawa 1962.
Ryżak Z., *Zarządzanie energią kluczem do sukcesu*, Warszawa 2008.
Savater F., *Etyka dla syna*, Warszawa 1996.
Schäfer B., *Droga do finansowej wolności. Pierwszy milion w ciągu siedmiu lat*, Warszawa 2011.
Schäfer B., *Zasady zwycięzców*, Warszawa 2007.
Scherman J.R., *Jak skończyć z odwlekaniem i działać skutecznie*, Warszawa 1995.
Schuller R.H., *Ciężkie czasy przemijają, bądź silny i przetrwaj je*, Warszawa 1996.
Schwalbe B., Schwalbe H., Zander E., *Rozwijanie osobowości. Jak zostać sprzedawcą doskonałym*, tom 2, Warszawa 1994.
Schwartz D.J., *Magia myślenia kategoriami sukcesu*, Konstancin-Jeziorna 1994.
Schwartz D.J., *Magia myślenia na wielką skalę. Jak zaprząc duszę i umysł do wielkich osiągnięć*, Warszawa 2008.
Scott S.K., *Notatnik milionera. Jak zwykli ludzie mogą osiągać niezwykłe sukcesy*, Warszawa 1997.
Sedlak K. [red.], *Jak poszukiwać i zjednywać najlepszych pracowników*, Kraków 1995.

Seiwert L.J., *Jak organizować czas*, Warszawa 1998.
Seligman M.E.P., *Co możesz zmienić, a czego nie możesz*, Poznań 1995.
Seligman M.E.P., *Pełnia życia*, Poznań 2011.
Seneka, *Myśli*, Kraków 1989.
Sewell C., Brown P.B., *Klient na całe życie, czyli jak przypadkowego klienta zmienić w wiernego entuzjastę naszych usług*, Warszawa 1992.
Słownik pisarzy antycznych, Warszawa 1982.
Smith A., *Umysł*, Warszawa 1989.
Spector R., *Amazon.com. Historia przedsiębiorstwa, które stworzyło nowy model biznesu*, Warszawa 2000.
Spence G., *Jak skutecznie przekonywać... wszędzie i każdego dnia*, Poznań 2001.
Sprenger R.K., *Zaufanie # 1*, Warszawa 2011.
Staff L., *Michał Anioł*, Warszawa 1990.
Stone D.C., *Podążaj za swymi marzeniami*, Konstancin-Jeziorna 1998.
Swiet J., *Kolumb*, Warszawa 1979.
Szurawski M., *Pamięć. Trening interaktywny*, Łódź 2004.
Szyszkowska M., *W poszukiwaniu sensu życia*, Warszawa 1997.
Tatarkiewicz W., *O szczęściu*, Warszawa 1979.
Tavris C., Aronson E., *Błądzą wszyscy (ale nie ja)*, Sopot-Warszawa 2008.

Tracy B., *Milionerzy z wyboru. 21 tajemnic sukcesu*, Warszawa 2002.

Tracy B., *Plan lotu. Prawdziwy sekret sukcesu*, Warszawa 2008.

Tracy B., Scheelen F.M., *Osobowość lidera*, Warszawa 2001.

Tracy B., *Sztuka zatrudniania najlepszych. 21 praktycznych i sprawdzonych technik do wykorzystania od zaraz*, Warszawa 2006.

Tracy B., *Turbostrategia. 21 skutecznych sposobów na przekształcenie firmy i szybkie zwiększenie zysków*, Warszawa 2004.

Tracy B., *Zarabiaj więcej i awansuj szybciej. 21 sposobów na przyspieszenie kariery*, Warszawa 2007.

Tracy B., *Zarządzanie czasem*, Warszawa 2008.

Tracy B., *Zjedz tę żabę. 21 metod podnoszenia wydajności w pracy i zwalczania skłonności do zwlekania*, Warszawa 2005.

Twentier J.D., *Sztuka chwalenia ludzi*, Warszawa 1998.

Urban H., *Moc pozytywnych słów*, Warszawa 2012.

Ury W., *Odchodząc od nie. Negocjowanie od konfrontacji do kooperacji*, Warszawa 2000.

Vitale J., Klucz do sekretu. *Przyciągnij do siebie wszystko, czego pragniesz*, Gliwice 2009.

Waitley D., *Być najlepszym*, Warszawa 1998.

Waitley D., *Imperium umysłu*, Konstancin-Jeziorna 1997.

Waitley D., *Podwójne zwycięstwo*, Warszawa 1996.
Waitley D., *Sukces zależy od właściwego momentu*, Warszawa 1997.
Waitley D., Tucker R.B., *Gra o sukces. Jak zwyciężać w twórczej rywalizacji*, Warszawa 1996.
Walton S., Huey J., *Sam Walton. Made in America*, Warszawa 1994.
Waterhouse J., Minors D., Waterhouse M., *Twój zegar biologiczny. Jak żyć z nim w zgodzie*, Warszawa 1993.
Wegscheider-Cruse S., *Poczucie własnej wartości. Jak pokochać siebie*, Gdańsk 2007.
Wilson P., *Idealna równowaga. Jak znaleźć czas i sposób na pełnię życia*, Warszawa 2010.
Ziglar Z., *Do zobaczenia na szczycie*, Warszawa 1995.
Ziglar Z., *Droga na szczyt*, Konstancin-Jeziorna 1995.
Ziglar Z., *Ponad szczytem*, Warszawa 1995.

O autorze

Andrzej Moszczyński od 30 lat aktywnie zajmuje się działalnością biznesową. Jego główną kompetencją jest tworzenie skutecznych strategii dla konkretnych obszarów biznesu.

W latach 90. zdobywał doświadczenie w branży reklamowej – był prezesem i założycielem dwóch spółek z o.o. Zatrudniał w nich ponad 40 osób. Spółki te były liderami w swoich branżach, głównie w reklamie zewnętrznej – tranzytowej (reklamy na tramwajach, autobusach i samochodach). W 2001 r. przejęciem pakietów kontrolnych w tych spółkach zainteresowały się dwie firmy: amerykańska spółka giełdowa działająca w ponad 30 krajach, skupiająca się na reklamie radiowej i reklamie zewnętrznej oraz największy w Europie fundusz inwestycyjny. W 2003 r. Andrzej sprzedał udziały w tych spółkach inwestorom strategicznym.

W latach 2005-2015 był prezesem i założycielem spółki, która zajmowała się kompleksową komercjalizacją liderów rynku deweloperskiego (firma w sumie sprzedała ponad 1000 mieszkań oraz 350 apartamentów hotelowych w systemie condo).

W latach 2009-2018 był akcjonariuszem strategicznym oraz przewodniczącym rady nadzorczej fabryki urządzeń okrętowych Expom SA. Spółka ta zasięgiem działania obejmuje cały świat, dostarczając urządzenia (w tym dźwigi i żurawie) dla branży morskiej. W 2018 r. sprzedał pakiet swoich akcji inwestorowi branżowemu.

W 2014 r. utworzył w USA spółkę LLC, która działa w branży wydawniczej. W ciągu 14 lat (poczynając od 2005 r.) napisał w sumie 22 kieszonkowe poradniki z dziedziny rozwoju kompetencji miękkich – obszaru, który ma między innymi znaczenie strategiczne dla budowania wartości niematerialnych i prawnych przedsiębiorstw. Poradniki napisane przez Andrzeja koncentrują się na przekazaniu wiedzy o wartościach i rozwoju osobowości – czynnikach odpowiedzialnych za prowadzenie dobrego życia, bycie spełnionym i szczęśliwym.

Andrzej zdobywał wiedzę z dziedziny budowania wartości firm oraz tworzenia skutecznych strategii przy udziale następujących instytucji: Ernst & Young, Gallup Institute, PricewaterhauseCoopers (PwC) oraz Harward Business Review. Jego kompetencje można przyrównać do pracy **stroiciela instrumentu.**

Kiedy miał 7 lat, mama zabrała go do szkoły muzycznej, aby sprawdzić, czy ma talent. Przeszedł test pozytywnie – okazało się, że może rozpocząć edukację muzyczną. Z różnych powodów to nie nastąpiło. Często jednak w jego książkach czy wykładach można usłyszeć bądź przeczytać przykłady związane ze światem muzyki.

Dlaczego można przyrównać jego kompetencje do pracy stroiciela na przykład fortepianu? Stroiciel udoskonala fortepian, aby jego dźwięk był idealny. Każdy fortepian ma swój określony potencjał mierzony jakością dźwięku – dźwięku, który urzeka i wprowadza ludzi w stan relaksu, a może nawet pozytywnego ukojenia. Podobnie jak stroiciel Andrzej udoskonala różne procesy – szczególnie te, które dotyczą relacji z innymi ludźmi. Wierzy, że ludzie posiadają mechanizm psychologiczny, który można symbolicznie przyrównać do **mentalnego żyroskopu** czy **mentalnego noktowizora**. Rola Andrzeja polega na naprawieniu bądź wprowadzeniu w ruch tych „urządzeń".

Żyroskop jest urządzeniem, które niezależnie od komplikacji pokazuje określony kierunek. Tego typu urządzenie wykorzystywane jest na statkach i w samolotach. Andrzej jest przekonany, że rozwijanie **koncentracji i wyobraźni** prowadzi do włączenia naszego mentalnego żyroskopu. Dzięki temu możemy między innymi znajdować skuteczne rozwiązania skomplikowanych wyzwań.

Noktowizor to wyjątkowe urządzenie, które umożliwia widzenie w ciemności. Jest wykorzystywane przez wojsko, służby wywiadowcze czy myśliwych. Życie Andrzeja ukierunkowane jest na badanie tematu źródeł wewnętrznej motywacji – siły skłaniającej do działania, do przejawiania inicjatywy, do podejmowania wyzwań, do wchodzenia w obszary zupełnie nieznane. Andrzej ma przekonanie, że rozwijanie **poczucia własnej wartości** prowadzi do włączenia naszego mentalnego noktowizora. Bez optymalnego poczucia własnej wartości życie jest ciężarem.

W swojej pracy Andrzej koncentruje się na procesach podnoszących jakość następujących obszarów: właściwe interpretowanie zdarzeń, wyciąganie wniosków z analizy porażek oraz sukcesów, formułowanie właściwych pytań, a także korzystanie z wyobraźni w taki sposób, aby przewidywać swoją przyszłość, co łączy się bezpośrednio z umiejętnością strategicznego myślenia. Umiejętności te pomagają rozumieć mechanizmy wywierania wpływu przez inne osoby i umożliwiają niepoddawanie się wszechobecnej indoktrynacji. Kiedy mentalny noktowizor działa poprawnie, przekazuje w odpowiednim czasie sygnały ostrzegające, że ktoś posługuje się manipulacją, aby osiągnąć swoje cele.

Andrzej posiada również doświadczenie jako prelegent, co związane jest z jego zaangażowaniem w działania społeczne. W ostatnich 30 latach był zapraszany do udziału w różnych szkoleniach i seminariach, zgromadzeniach czy kongresach – w sumie jako mówca wystąpił ponad 700 razy. Jego przemówienia i wykłady znane są z inspirujących przykładów i zachęcających pytań, które mobilizują słuchaczy do działania.

Opinie o książce

Małe dziecko przychodzi na świat bez instrukcji obsługi, o czym boleśnie przekonują się kolejne pokolenia młodych rodziców. A jednak mimo tej pozornej przeszkody ludzkość była i jest w stanie poradzić sobie z tym wyzwaniem. Jak? Młodzi rodzice szybko uczą się – głównie metodą prób i błędów – jak zaspokajać potrzeby swojego dziecka. Rodzicielstwo to ciekawa mieszanka zaufania do własnej intuicji, pomocy bliskich i odwołania do wiedzy ekspertów. To nie stały zestaw umiejętności, które ujawniają się w chwili narodzin dziecka, lecz raczej proces nabywania nowych umiejętności dostosowanych do potrzeb i rozwoju własnych pociech.

Nie inaczej jest w przypadku rozpoznania swoich talentów i wykorzystania ich w codziennym życiu. Nie są to zdolności, jakie nabywa się po przeczytaniu jednej książki lub uczestniczeniu w weekendowych warsztatach, lecz raczej droga, na którą się wchodzi świadomie i którą podąża przez resztę życia. Wybierając się w podróż, zwykle pakujemy ze sobą przewodnik i mapę, dlatego też podczas podróży do własnego wnętrza także warto sięgnąć po jakiś przewodnik. Seria książek autorstwa Andrzeja Moszczyńskiego jest właśnie takim przewodnikiem, zawierającym cenne podpowiedzi oraz techniki odkrywania i wykorzystywania swoich talentów. Autor nie stawia się w pozycji eksperta wiedzącego lepiej, co jest dla nas dobre, lecz raczej doradcy odwołującego się szeroko do filozofii, literatury, współczesnych technik doskonalenia osobowości i własnych doświadczeń. Zdecydowanymi mocnymi stronami tej serii są przykłady z życia ilustrujące prezentowane zagadnienia oraz bogata bibliografia służąca jako punkt do dalszych poszukiwań dla wszystkich zainteresowanych doskonaleniem osobowości. Uważam, że seria ta będzie pomocna dla każdego zainteresowanego świadomym życiem i rozwojem osobistym.

Ania Bogacka
Editorial Consultant and Life Coach

* * *

Na rynku książek wybór poradników jest ogromny, ale wśród tego ogromu istnieją jasne punkty, w oparciu o które można kierować swoim życiem tak, by osiągnąć spełnienie. Samorealizacja jest osiągana poprzez mądrość i świadomość. To samo sprawia, że książki Andrzeja Moszczyńskiego są tak użyteczne i podnoszące na duchu. Dzielenie się mądrością w formie przykładów wielu historycznych postaci oświetla drogę w tej kluczowej podróży. Każda z książek Andrzeja jest kompletna sama w sobie, jednak wszystkie razem stanowią zestaw narzędzi, przy pomocy których każdy z nas może ulepszyć umysł i serce, aby ostatecznie przyjąć proaktywną i współczującą postawę wobec życia. Jako osoba, która badała i edytowała wiele tekstów z filozofii i duchowości, mogę z entuzjazmem polecić tę książkę.

Lawrence E. Payne

Dodatek

Cytaty, które pomagały autorowi napisać tę książkę

Na temat rozwoju

Przeznaczeniem człowieka jest jego charakter.

Heraklit z Efezu

Osobowość kształtuje się nie poprzez piękne słowa, lecz pracą i własnym wysiłkiem.

Albert Einstein

Na temat nastawienia do życia

Jeśli jesteś nieszczęśliwy, to dlatego, że cały czas myślisz raczej o tym, czego nie masz, zamiast koncentrować się na tym, co masz w danej chwili.

Anthony de Mello

W końcu, bracia, wszystko, co jest prawdziwe, co godne, co sprawiedliwe, co czyste, co miłe, co zasługuje na uznanie: jeśli jest jakąś cnotą i czynem chwalebnym – to miejcie na myśli.

List do Filipian 4:8

Na temat szczęścia

Ludzie są na tyle szczęśliwi, na ile sobie pozwolą nimi być.

Abraham Lincoln

Więcej szczęścia jest w dawaniu aniżeli w braniu.

Dz 20:35

Na temat poczucia własnej wartości

Bez Twojego pozwolenia nikt nie może sprawić, że poczujesz się gorszy.

Eleanor Roosevelt

Na temat możliwości człowieka

Nie ma rzeczy niemożliwych, są tylko te trudniejsze do wykonania.

Henry Ford

Gdybyśmy robili wszystkie rzeczy, które jesteśmy w stanie zrobić, wprawilibyśmy się w ogromne zdumienie.

Thomas Edison

Na temat poznawania siebie

Najpierw sami tworzymy własne nawyki, potem nawyki tworzą nas.

John Dryden

Na temat wiary w siebie

Człowiek, który zyska i zachowa władzę nad sobą, dokona rzeczy największych i najtrudniejszych.

Johann Wolfgang von Goethe

Ludzie potrafią, gdy sądzą, że potrafią.

Wergiliusz

Na temat wnikliwości

Prawdę należy mówić tylko temu, kto chce jej słuchać.

Seneka Starszy

Język mądrych jest lekarstwem.

Księga Przysłów 12:18

Na temat wytrwałości

Nic na świecie nie zastąpi wytrwałości. Nie zastąpi jej talent – nie ma nic powszechniejszego niż ludzie utalentowani, którzy nie odnoszą sukcesów. Nie uczyni niczego sam geniusz – nienagradzany geniusz to już prawie przysłowie. Nie uczyni niczego też samo wykształcenie – świat jest pełen ludzi wykształconych, o których zapomniano. Tylko wytrwałość i determinacja są wszechmocne.

John Calvin Coolidge

Możemy zrealizować każde zamierzenie, jeśli potrafimy trwać w nim wystarczająco długo.

Helen Keller

Tak samo, jak pojedynczy krok nie tworzy ścieżki na ziemi, tak pojedyncza myśl nie stworzy ścieżki w Twoim umyśle. Prawdziwa ścieżka powstaje, gdy chodzimy po niej wielokrotnie. Aby stworzyć głęboką ścieżkę mentalną, potrzebne jest wielokrotne powtarzanie myśli, które mają zdominować nasze życie.

Napoleon Bonaparte

Na temat entuzjazmu

Tylko przykład jest zaraźliwy.

Lope de Vega

Na temat odwagi

Życie albo jest śmiałą przygodą, albo nie jest życiem. Nie lękać się zmian, a w obliczu kapryśności losu zachowywać hart ducha – oto siła nie do pokonania.

Helen Keller

Silny jest ten, kto potrafi przezwyciężyć swe szkodliwe przyzwyczajenia.

Benjamin Franklin

Życie jest przygodą dla odważnych albo niczym.

Helen Keller

Na temat realizmu

Kto z was, chcąc zbudować wieżę, nie usiądzie wpierw i nie obliczy wydatków, czy ma na jej wykończenie.

Ew. Łukasza 14:28

Pesymista szuka przeciwności w każdej okazji, optymista widzi okazje w każdej przeciwności.

Winston Churchill

Dajcie mi odpowiednio długą dźwignię i wystarczająco mocną podporę, a sam poruszę cały glob.

Archimedes

OFERTA WYDAWNICZA
Andrew Moszczynski Group sp. z o.o.

www.ingramcontent.com/pod-product-compliance
Lightning Source LLC
LaVergne TN
LVHW090037080526
838202LV00046B/3849